AF286986

ANTONIO VIVALDI

LE QUATTRO STAGIONI
THE FOUR SEASONS – DIE VIER JAHRESZEITEN

Four Concertos for Violin, Strings and Basso continuo
Vier Konzerte für Violine, Streicher und Basso continuo

Concerto II
L'estate – Summer – Der Sommer
RV 315

Edition for Violin and Piano
Ausgabe für Violine und Klavier

Edited by / Herausgegeben von
Walter Kolneder

ALLE RECHTE VORBEHALTEN · ALL RIGHTS RESERVED

EDITION PETERS
LEIPZIG · LONDON · NEW YORK

PREFACE

Of Vivaldi's 450 or so surviving concertos, twenty-eight have programmatical titles, with *The Four Seasons* for violin and strings occupying a special place within this group: each of them is prefaced by a *sonetto dimostrativo* ('illustrative sonnet'), the individual lines of which are accompanied by cue-letters directing the reader to particular passages in the music. The poems are evidently meant to clarify the programmatical meaning of the music and to serve as interpretative guides for the performer. Their author is not known, but may have been Vivaldi himself.

The concertos are dedicated to 'Signor Venceslao Conte di Marzin'. Vivaldi describes himself on their title-page as 'Maestro in Italia dell' Illustris:^mo Signor Conte Sudetto', i.e., the count's *maestro di musica* in Italy. Another member of this same aristocratic family from Bohemia was Count Franz von Morzin, who appointed the then twenty-seven-year-old Joseph Haydn his Kapellmeister in 1759. It emerges from their dedication that Vivaldi often played earlier versions of these concertos to the count, and that the sonnets were added to the printed edition and may even have been written especially for it. The programmatical significance of the works was now substantially extended and deepened.

With their successful synthesis of programmatical content and solo concerto form, the four concertos known as *The Four Seasons* were soon among the composer's most frequently performed works. They were first published in Amsterdam in around 1725 as part of a set of twelve concertos described on their title-page as *Il cimento dell' armonia dell' inventione* ('The Trial of Harmony and Invention'). This op. 8 set was immediately reprinted in Paris, where all these works were often performed from 1728 onwards. As late as 1765 a *Laudate Dominum de coelis* by Michel Corette was performed with the subtitle 'Motet à Grand Chœur arrangé dans le Concerto du Printems de Vivaldi'.

In the present edition, the broken slurs are editorial suggestions. In the version for violin and piano, the violin part reproduces the violin line of the original.

Walter Kolneder

VORWORT

Von den ca. 450 erhaltenen Konzerten Vivaldis tragen 28 programmatische Titel, und unter ihnen nehmen die vier Jahreszeitenkonzerte für Violine und Streichorchester eine Sonderstellung ein. Der Komponist hat ihnen nähmlich je ein »Sonetto dimostrativo« vorangestellt und die einzelnen Textzeilen dieser Gedichte in die entsprechenden Abschnitte des Notentextes mit übernommen: sie sollten die programmatische Schilderung in der Musik verdeutlichen und offensichtlich dem Spieler eine Interprationshilfe sein. Der Autor der Sonette ist nicht bekannt, vielleicht stammen sie von Vivaldi selbst.

Die Konzerte sind »Signor Venceslao Conte di Marzin« gewidmet, und Vivaldi bezeichnet sich im Titel als »Maestro in Italia dell' Illustris:^mo Signor Conte Sudetto«. Aus der gleichen böhmischen Adelsfamilie stammte übrigens jener Graf Franz von Morzin, der 1759 den 27-jährigen Haydn als Kapellmeister angestellt hat. Aus dem Widmungsvorwort erfahren wir, daß Vivaldi diese Werke in einer ersten Fassung oft vor dem Grafen gespielt hat, daß die Sonette erst der Druckfassung beigegeben, vielleicht für sie verfaßt wurden, und daß in ihr die programmatische Schilderung wesentlich erweitert und vertieft wurde.

Die vier Konzerte, in denen Programm und Solokonzertform weitgehend zur Übereinstimmung gebracht sind, gehörten zu den meistgespielten Werken des Komponisten. Sie sind um 1725 innerhalb der 12 Konzerte umfassenden Sammlung »Il Cimento dell' Armonia e dell' Inventione«, op. VIII, in Amsterdam im Druck erschienen, wurden sofort in Paris nachgedruckt, und seit 1728 sind immer wieder Pariser Aufführungen nachweisbar. Noch 1765 wurde ein »Laudate Dominum de Coelis« von Corette aufgeführt mit dem Untertitel »Motet à Grand Chœur arrangé dans le Concerto du Printems de Vivaldi«!

Die gestrichelten Bogen sind als Vorschläge des Herausgebers zu betrachten. In der Ausgabe für Violine und Klavier gibt die dem Klavierpart überlegte Violinstimme den Urtext wieder.

Walter Kolneder

L'estate

Sotto dura staggion dal sole accesa
langue l'huom, langue 'l gregge, ed arde il pino;
scioglie il cucco la voce, e tosto intesa
canta la tortorella e 'l gardelino.

Zeffiro dolce spira, ma contesa
muove Borea improviso al suo vicino;
e piange il pastorel perche sospesa
tema fiera borasca, e 'l suo destino.

Toglie alle membra lasse il suo riposo
il timore de' lampi e tuoni fieri
e de mosche e mosconi il stuol furioso!

Ah che pur troppo i suoi timor son veri;
tuona e fulmina il ciel e grandinoso
tronca il capo alle spiche e a' grani alteri.

Summer

In the harsh season scorched by the sun
man languishes, the herd languishes, the pine-tree burns;
the cuckoo displays its voice, and soon
the turtle-dove and goldfinch sing.

Sweet Zephyr blows, but Boreas
launches a sudden challenge against his neighbour;
the shepherd weeps, for with alarm
he fears the fierce storm and his fate.

The fear of lightening and fierce thunder
and the furious host of flies and bluebottles
deprive his tired limbs of all rest.

Ah, alas, his fears are well founded:
the sky thunders and flashes, and the hailstorm
fells the ears of maize and proud upstanding corn.

Der Sommer

In der harten Jahreszeit der sengenden Sonne
schmachtet der Mensch, schmachtet die Herde, brennt die Pinie.
Der Kuckuck läßt seinen Ruf erschallen,
und bald stimmt die Turteltaube ein und der Distelfink.

Es weht der süße Zephirwind, aber der Nordwind
bricht unversehens herein und bekämpft ihn.
Es weint der Hirte, weil er den hereinbrechenden
heftigen Wind fürchtet und sein Schicksal.

Den müden Gliedern nimmt all ihre Ruhe
die Furcht vor den Blitzen, den heftigen Donnerschlägen
und den Fliegen und der wütenden Schar der Brummer.

Seine Befürchtungen, ach, sind nur zu begründet,
der Himmel donnert und blitzt, und der Hagelschauer
knickt den Mais und das stolz aufgerichtete Korn.

Le quattro stagioni

The Four Seasons – Die vier Jahreszeiten

Concerto II

L'estate – Summer – Der Sommer

Antonio Vivaldi (1678–1741)
RV 315
Herausgegeben von Walter Kolneder

I

Languideza per il caldo(1)
(„*Sotto dura Staggion dal Sole accesa langue l'uom, langue'l gregge ed arde il pino*")

Allegro non molto
(Tutti)

Violino principale

pianissimo

Allegro non molto

Klavier

pianissimo

(3)

(1) Languor in the heat / *Mattigkeit wegen der Hitze*
(2) Original:
(3) Original:
(4) Original:

Edition Peters 9055b   E. P. 12341   © 1966 by C. F. Peters Ltd & Co. KG, Leipzig

2

Il Cucco[1]
(*„Scioglie il Cucco la voce"*)
Allegro, e tutto sopra il Canto[2]

sopra il Cantino[3]

(1) The cuckoo / *Der Kuckuck*
(2) Allegro, and all on the A string / *Allegro, und alles auf der A-Saite*
(3) On the E string / *Auf der E-Saite*

(1) In the original, one quaver earlier in all parts / *Im Original in allen Stimmen ein Achtel früher*
(2) Original:
(3) The turtle-dove / *Die Turteltaube*
(4) The goldfinch / *Der Distelfink*

4

(1) The northwind / *Der Nordwind*

(2) Raging winds / *Heftige Winde*

(3) Various winds / *Verschiedene Winde*

Il Piano del Villanello[1] (*„E piange il pastorel perche sospesa teme fiera borasca, èl suo destino"*)

(1) The farmboy's tears / *Die Tränen des Bauernburschen*

6

Violino principale

Le quattro stagioni
The Four Seasons – Die vier Jahreszeiten

Concerto II
L'estate – Summer – Der Sommer

Antonio Vivaldi (1678–1741)
RV 315
Herausgegeben von Walter Kolneder

I

Languideza per il caldo[1]
(„Sotto dura Staggion dal Sole accesa langue l'uom, langue'l gregge ed arde il pino")

Allegro non molto
(Tutti)

pianissimo

Il Cucco[3]
(„Scioglie il Cucco la voce")
Allegro, e tutto sopra il Canto[4]
(Solo)

(mf)

sopra il Cantino[5]

Tutti

(1) Languor in the heat / *Mattigkeit wegen der Hitze*
(2) Original:
(3) The cuckoo / *Der Kuckuck*
(4) Allegro, and all on the A string / *Allegro, und alles auf der A-Saite*
(5) On the E string / *Auf der E-Saite*

Edition Peters 9055b   E. P. 12341   © 1966 by C. F. Peters Ltd & Co. KG, Leipzig

(1) In the original, one quaver earlier in all parts / *Im Original in allen Stimmen ein Achtel früher*
(2) The turtle-dove / *Die Turteltaube*
(3) The goldfinch / *Der Distelfink*
(4) The northwind / *Der Nordwind*

Il Pianto del Villanello[1]
(*„E piange il pastorel perche sospesa teme fiera borasca, e'l suo destino"*)

(1) The farmboy's tears / *Die Tränen des Bauernburschen*
(2) Original:

II

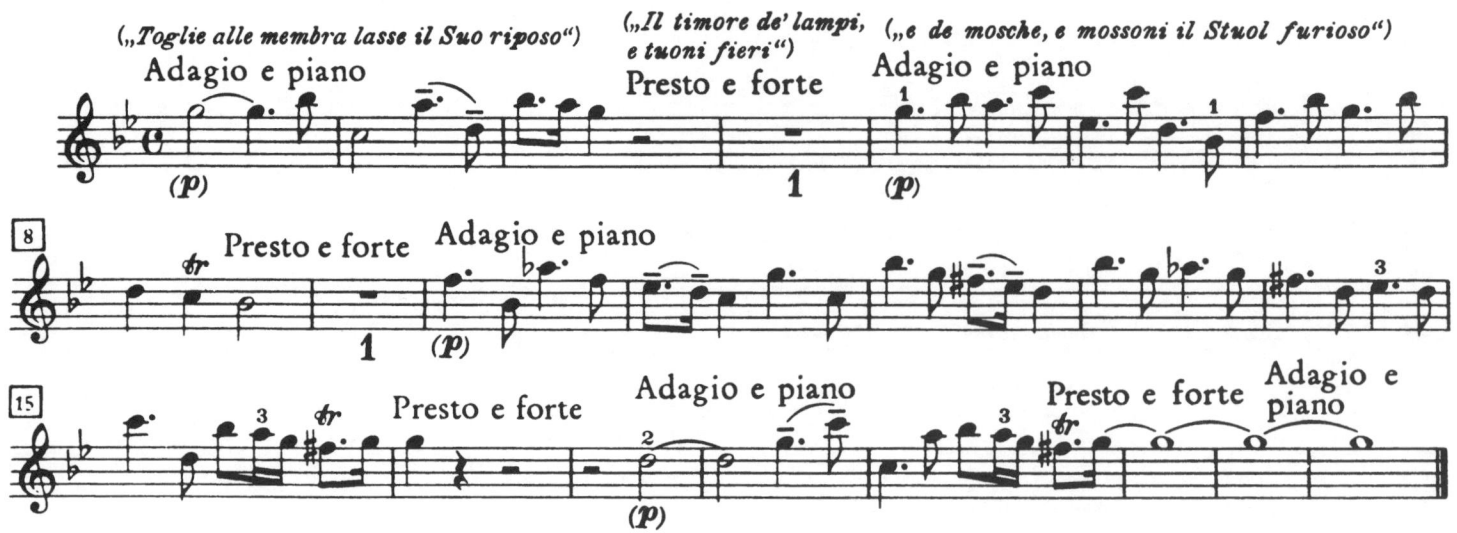

(„Toglie alle membra lasse il Suo riposo")
Adagio e piano
(„Il timore de' lampi, e tuoni fieri")
Presto e forte
(„e de mosche, e mossoni il Stuol furioso")
Adagio e piano
Presto e forte
Adagio e piano
Presto e forte
Adagio e piano
Presto e forte
Adagio e piano

III

Tempo impetuoso d'Estate(1)

(„Ah che pur troppo i Suo timor son veri, tuona e fulmina, il ciel e grandioso, tronca il capo alle spiche e a'grani alteri")

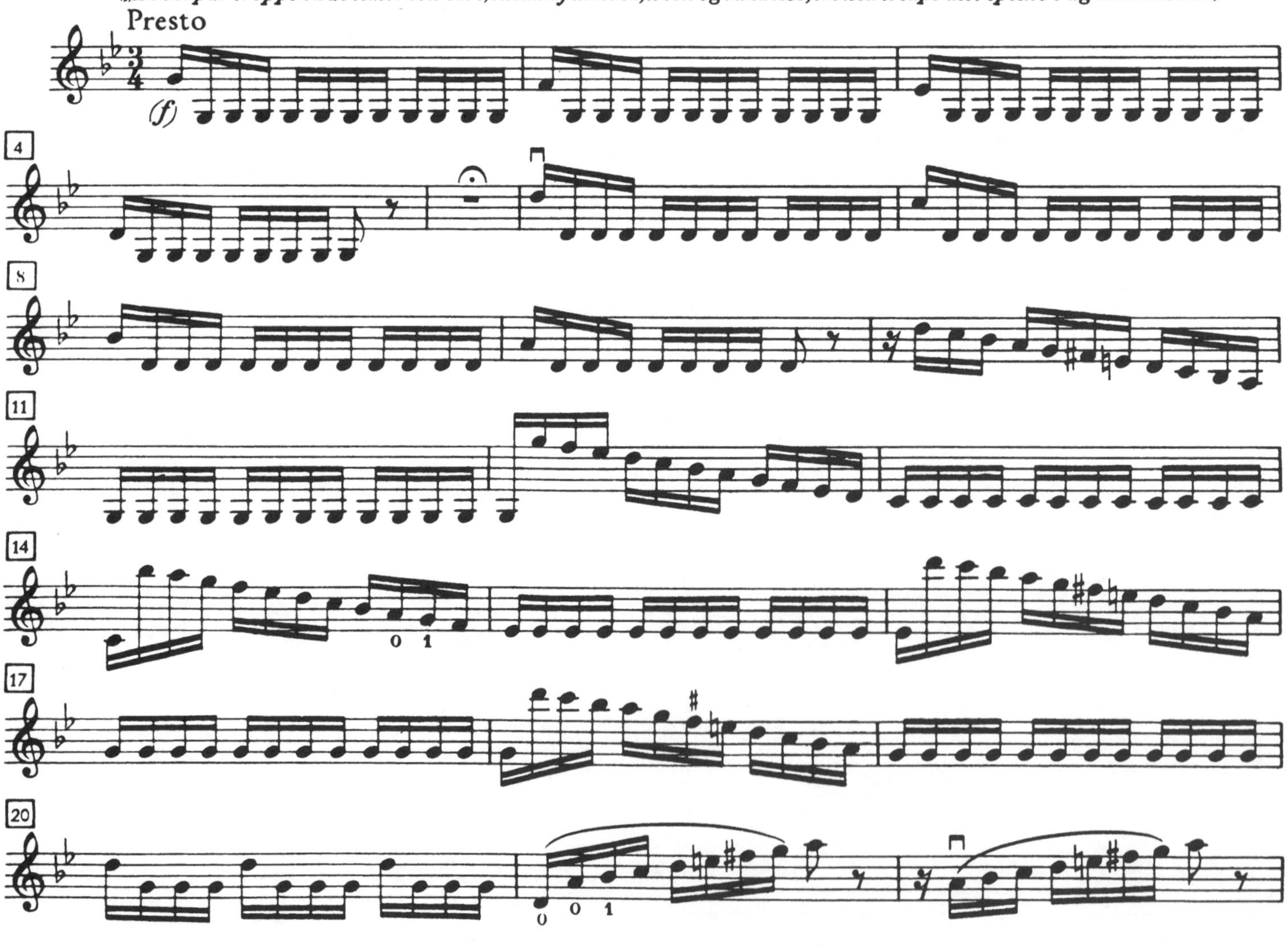
Presto

(1) Furious summer weather / *Stürmisches Sommerwetter*

(1) On the D and G strings. Played thus: usw.
Auf der D- und G-Saite. Ausführung:

II

9

III

Tempo impetuoso d'Estate[1]
(„*Ah che pur troppo i Suo timor son veri, tuona e fulmina, il ciel e grandioso, tronca il capo alle spiche e a'grani alteri*")

Presto

Presto

(1) Furious summer weather / *Stürmisches Sommerwetter*

12

(1) On the D and G strings. Played thus: etc.
Auf der D- und G-Saite. Ausführung: